HILJAISUUDESSA
KUULEN SINUT

MIA PELTOLA

HILJAISUUDESSA KUULEN SINUT

Kannen kuva: **Niko Nummi**
Taitto: **Asko Nummela**

Ensimmäinen painos

Kustantaja: BoD™ – Books on Demand, Helsinki, Suomi
Valmistaja: Books on Demand GmbH, Norderstedt, Saksa
ISBN: 978-952-804-370-6

KIRJAILIJAESITTELY

Runous on ollut aina lähellä sydäntäni. Tämä runojen omakohtainen kirjoittaminen on ollut minulle henkisesti puhdistava kokemus matkana omaan itseeni ja syvimpiin tunteisiini siellä. Runoja ei ole erikseen kirjoitettu, vaan ne ovat pulpahdelleet esille mieleni ajatusvirrasta. Koska runot pohjaavat omaan kokemukseeni, on lukijan helppo samaistua niihin, myötä elää omia tunteitaan niissä. Elämä antaa ja ottaa, rakkauden voi menettää myös itse elämälle. Rakkaus on kaunis asia puhtaimpana tunteena kaikista. Tunnetasolla se on ensimmäinen, ja viimeinen.

Mia Peltola

ESIPUHE

Elämä itsessään on lahja vaan rakkaus on lahjoista
arvokkain. Se on samalla särkyvän ohut, silti säikeiltään
kestävä. Rakkaus sydämessä elämän kohtaaminen on
vaivatonta, kaikki asiat vain jotenkin asettuvat paikoilleen.
Rakkauden voima on uskomaton, sen avulla heikostakin
tulee vahva, se ei katso ikää, eikä paikkaa, jos se on
tullakseen, se tulee, yhtäkkiä vain asettuen sydämeesi.

Runokirjani runot pohjaavat erääseen rakkaustarinaan,
miten rakkaus elää ja on meissä erivivahteisina tunteina
koko tunneskaalan läpikäyden, rakastumisen onnesta
suruun, haikeuteen, kaipaukseen ja toivoon. Rakkauden
voima on suuri, kautta aikain se on jo elänyt
sydämissämme. Rakkaus on myös matka, mikä alkaa siitä,
kun kaksi sydäntä kohtaavat, kun kaksi ihmistä rakastuvat
toisiinsa. Olen kirjoittanut tätä runokirjaa sydämelläni
antaen sen kertoa minun rakkaudestani häneen ja siitä
upeasta matkasta kanssaan.

Runoteos on esikoiskirjani, se on sinulle kirjoitettu,
luettavaksi, ja omistettuna.

Vaulammilla 20.1.2021
Mia Peltola

"Kun ajattelen sinua,
tuot mieleeni kesän -
kaislikon suhinan, lintujen liverryksen,
pääskysparven kirmailut kesätaivaalla,
laineen liplatuksen veneen kylkeä vasten,
auringon lämmön ja lempeän kesätuulen"

1. Runo

Rakkaus, tuo tunteista väkevin,
lähes käsinkosketeltava,
elämänvirrassa muotoutuva,
syntymässä saatu, mikä ikiaikaisena elää,
läpi ajan saaton,
rakkaus suhteellistaa myös muiden tunteiden määrän,
yhtä paljon kaipaat, odotat, suret, jopa vihaat,
kyynelvirrassa vellot, epätoivossa ryvet,
mutta myös onnenkyyneleitä vuodatat,
rakkautta on monenlaista,
kiintymyksen tunteesta vahvaan voimaantumiseen toiseen ihmiseen,
rakkaus rakkautena elää ja kasvaa vastarakkaudesta,
kahden ihmisen keskinäisestä tunteesta
rakkaus ei ole itsestäänselvyys,
kaikki eivät sitä välttämättä koskaan kohtaa tai saa tuntea elämänsä aikana,
joko omasta halustaan,
tai kohtalostaan, siihen ei voi vaikuttaa,
oikean ja aidon rakkauden läsnä olemisen kyllä vaistoaa,
se valaisee koko elämäsi,
saa kukat kukkimaan kauniimmin,
auringon paistamaan kirkkaammin, sydämen lyömään kiivaammin
ja hengityksen salpautumaan
rakkaus kantaa sinua, vahvistaa ja voimaannuttaa,
anna rakkauden valloittaa sinut,
ota se vastaan avosylin ja hoivaa sitä,
rakkaus on elämä itse.

2. Runo

Minä rakastan sinua,
nuo kolme sanaa
kokonaisuutena,
miten paljon niihin sisältyykään,
silloin, kun rakkaus on sydämessäsi,
aitona, vilpittömänä ja pyyteettömänä tunteena,
minä rakastan sinua,
antaa lupauksen siitä,
että olen sinulle olemassa,
sinusta huolehtimassa,
elämän jokaisessa mutkassa ja mäessä,
seison rinnallasi hievahtamatta,
en väisty sivulle tai taaksesi,
minä rakastan sinua,
antaa sinulle armon elää rakkaasi rinnalla,
avoimin mielin, toista kadehtimatta,
ilman keskinäistä kilpailua,
varmana huomisesta,
varmana siitä, että toinen on sinulle olemassa,
sinulle läsnä, sinua arvostaen,
minä rakastan sinua,
yhdessä annamme toisillemme elämään valon ja ilon,
toivon uuteen päivään,
voimaa itse elämiseen,
rakkauden tunteen voimaantumiseen,
olen niin kiitollinen sinusta,
siksi sinulle nuo kolme sanaa,
minä rakastan sinua.

3. Runo

Joskus on suljettava silmänsä nähdäkseen,
korvansa kuullakseen,
sydämensä tunteakseen,
elämänsä löytääkseen uuden elämän.

4. Runo

Olit olemassa minussa jo, kun synnyin,
kannattelit minua, johdit eteenpäin,
luoksesi,
sinulle sanani lausuin,
suruni, murheeni itkin,
syvästi jo silloin sinua rakastin,
kutsuit minua, kuulin sen,
ojensit kätesi,
siihen tartuin
sydämeeni sisälle astuit,
asumaan sinne asetuit,
osana minua, puuttuneena palasena,
yhdeksi eheydyimme,
toisiamme täydentämään,
rakkauttamme toisillemme antamaan,
toisistamme ammentamaan,
samassa rakkaudessa,
meidän elämämme aikaisessa.

5. Runo

Olet minulle kesäniityn kukkaset,
ne kukista kauneimmat upeassa väriloisteessaan,
kesän lämpimin auringonpaiste,
ja siitä sen sädehtivin säde,
mikä timantin lailla kimaltelee veden pinnalla häikäisevän kauniina,
satakielen liverrys, kun se elämänriemussaan puiden lehvistössä laulelee,
kesätuulen havina lehtipuiden oksilla tanssimassa
lempeänä ja soinnukkaana,
vihreiden nurmien vastaleikatun ruohon tuoksu,
mikä levittäytyy sieraimiin mielihyvää antaen,
kevätpuron solina,
kun se jään alta taas pääsee vapaana virtaamaan,
sateen jälkeinen happirikas ilma,
mikä kaiken raikastaen leviää ilmanalaan puhdistavana ja raikkaana,
unohtamatta tähtitaivasta, mikä myös kauneimmassa loistossaan valaisee
yötaivaan,
valotuikkein, yhdessä kuun kanssa,
koko luonnon kaunein harmonia muistuttaa sinusta,
kuljet mukanani samalla, kun sitä katselen ja kuuntelen,
saaden itse sen kaiken näin myötäelää myös sinun kanssasi yhdessä.

6. Runo

Suutelit jalat altani,
keikautit sydämeni rytmin uusiksi,
rakkauden tanssiin johdatit,
keveään ja ilmavaan,
käsivarsillesi tiukkaan otteeseen otit,
syliisi suljit,
toisiimme kietoutuen,
onnen pyörteisiin kiertyen,
ihanasti, ympäri, ympäri vaan,
suloinen rakkaus, voi miten sen myötä rakastutaan.

7. Runo

Rakkaani kauniita kasvoja katselen,
ihon lämpöän vierelläin tunnustellen,
voi kuinka rakastankaan sinua,
sydämeni rakkaudesta laulelee,
onnen tahdeilla itseään samalla säestelee,
sydämeni valitsi sinut, omakseen otti,
kun johdatus sinut luokseni toi,
sydämesi valitsi minut, omakseen otti
sama johdatus minut luoksesi toi,
onnen, unelmien täyttymyksen,
kaiken toivomamme, eteemme kantoi,
kera rakkauden niin suloisen,
meille samalla lahjaksi antoi.

8. Runo

Olet rakkain minulle maailmassa,
virvoitat auringonsäteet aamuissani valaisten päiväni niillä,
lämminsydämisyytesi antaa lämmön kehooni,
vahvuutesi voimaannuttaa minut,
pelottomuutesi luo voimakilven ympärilleni,
kauniit sanasi sulavat sydämeeni,
lempeytesi saa sieluni laulamaan,
rakkauden keinussa minua keinutat,
ylös, ylös, onnen taivaisiin asti.

9. Runo

Kuiskasin sinulle, rakastan,
lempeästi katsoin, miten lemminkään,
tuoksuttelin tuoksuasi, mielihyvää tuntien,
käsilläni koskettelin, kuinka pehmeä on ihosi
sylisi avoin, syleilyssäsi olla sain,
rakkauden paloa, miten sitä tunsinkaan,
ihmisen onni, kuin sinä minulle.

10. Runo

Muistan ensi suudelmamme,
missä rakastumisen, kaipauksen,
toisen siinä syleilyssä olemisen polte,
purkautui valtavalla voimalla siihen hetkeen,
mikä tunneryöppynä yllätti meidät molemmat,
sinä olit, minä olin,
olimme siinä,
kesän kauneimmassa syleilyssä,
rakkauden alkumetreillä,
ihanasti ihastuneina,
rakkauden liekki sydämissämme orastavana,
sydämet toisensa vihdoin löytäneinä.

11. Runo

Tänään aurinko suuteli minua,
kun sain suudelman sinulta,
se kietoi minut lämpöönsä,
kun sain sylissäsi hetken viipyä,
ja valaisi päiväni,
kun kauniilla silmilläsi minua katsoit,
tänään sain päivistä parhaimman,
kun sain viettää sen sinun kanssasi.

12. Runo

Maistoin kesän huuliltasi,
tunsin auringonpoltteen sydämestäsi,
virtaavan joen vilvoituksen suonissasi,
kesätuulen tuoksun ihollasi,
sinut siinä minussa,
kauneimmassa päivässä,
mansikanmakuisessa hetkessä kanssasi.

13. Runo

Metsälampi,
tunteiden lampi
suopursut tuoksuvat,
on kesän viimeinen päivä,
kirkas on lammen vesi
ulpukkareunus sen rantavedessä kellumassa,
siinä hetkessä, ikiaikaisena
olet siinä vierelläni makaamassa,
aurinko heijastuu silmiesi kautta
kauniina, lämpimänä,
painaudumme toisiamme vasten,
hengitämme havupuiden raikastamaa ilmaa,
jos voisin jäädä siihen, jäisin.

14. Runo

Lempeän samettisen ihosi aistin
huulesi liki omiani ovat
hengityksesi kumpuilevana
huulet huulia hyväillen.

15. Runo

Kauniina alkusyksyn päivänä istumme vierekkäin rantakivellä,
aurinko lempii meitä lämmöllään,
pikkulintu livertelee hempeästi koivun oksalta,
hentoinen tuulenvire helisee ilmassa,
olen kietonut käsivarteni ympärillesi,
syleilyssäni istuessasi,
painat pääsi ensi kertaa minua vasten,
niin pehmeästi kuin varoen,
hetki pysähtyy siihen,
liikahdat,
annan hellän suudelman sinulle,
onnen tunne pakahduttaa sydämeni,
tässä pienessä hetkessä kanssasi,
minun on niin käsittämättömän hyvä olla.

16. Runo

Rakkauden kutsuessa,
kuuntele sydäntäsi,
käännä katseesi sen suuntaan,
herkistä korvasi kuulemaan,
kehosi aistimaan,
anna suloisen onnentunteen vallata mielesi,
olemisen keveyden lennättää ajatuksiasi,
ja nauti,
kaikesta hyvänolon tunteesta,
elämän kepeydestä,
ja ennen kaikkea, rakkaudestasi,
yhdessä,
rakkaasi kanssa.

17. Runo

Rakkaus tekee elämäsi kevyeksi,
antaa sinulle siivet,
jotka lennättävät sinut yhä ylemmäs,
ylös taivaankaareen asti,
anna sen tunteen kantaa sinua,
älä epäröi, älä jarruta,
nauti, elä ja ole,
voi olla, että tämä tunne kannattelee sinua vain sen ainoan kerran,
sillä rakkaus on siunaus,
meille ihmisille annettu.

18. Runo

Kuin päivä yötä suutelee toisensa kohdatessaan,
huomaamatta antavat toisilleen vuoronvaihdon,
aamulla taas osat vaihtaen,
samalla tavalla kohtaamme rakkaudessamme,
huomaamatta huomioimme toisemme,
annamme molemmille sen oman tilan,
kuitenkaan mitään toiselta poisottamatta,
vaan molemmat saaden olla omia itseänsä,
luoden yhtäläisen kokonaisen harmonian,
samanlaisen mitä päivän ja yön,
auringon ja kuun yhteisen kohtaamisen,
sopusointu on.

19. Runo

Elämä ilman rakkautta,
on kuin sumuverhon peittämä harmaa taivas,
mistä ilmanalasta kylmänkostea kosteus tihkuu yllesi,
ja saa puistatuksen kehossasi tuntumaan luita myöten,
kuin sorakivinen tie, missä jokainen kivenmurikka tuntuu jalkapohjassasi
eteenpäin siinä kulkiessasi,
kuin tuulenpuuska, mikä äkillisyydellään saa sinut melkein kaatumaan,
se tunne aamulla, kun heräät, eikä kukaan ole vieressäsi,
kysy kuulumisiasi,
tai juo aamukahvia kanssasi,
surullisimpana kaikista, se tyhjä olo sinussa,
ettei kukaan enää rakasta sinua.

20. Runo

Kun maailma loppuu,
ja taivaan tähtöset leijailevat kimaltelevina valohelkkeinä avaruuteen,
valaisten kaiken vielä viimeisen kerran kultaisena valomerenä
ennen poispirstaloitumistaan,
siihen asti minä sinua rakastan,
sen tähtisateen mukaan lähden,
ja rakkaudestani kerron,
koko sen loppumatkan,
mitä olemassaoloni,
minun antaa tehdä.

21. Runo

Rakkaus on haikeutta,
kaipausta rakkaastaan,
toivetta jälleennäkemisestä,
iloa seuraavasta hetkestä hänen syleilyssään,
muistoja hellistä suudelmistaan,
rakkauden katseesta silmissään.

22. Runo

Kun ajattelen sinua,
muistan auringon lämmön,
valon,
kauniit kesäyöt ja kuulaat tähtitaivaat,
upeat kuutamot,
ihanat kesäiset kukkaniityt,
auringon säteiden kimaltelut veden pinnalla,
lintujen liverryksen, pääskyset kesätaivaalla,
muistan tuoksusi,
hellät suudelmasi,
onnellisuutemme,
iloisuutemme,
elämän askeleiden keveyden,
ja ennen kaikkea,
muistan sinut.

23. Runo

Olen kokenut elämässäni monenlaista ihastumista,
myös rakastumista,
mutta vain rakkaudessani sinuun,
maailma näytti niin ihmeellisen kauniilta,
elämä ja oleminen vaikutti niin helpolta ja keveältä,
ja kaikki tuntui niin oikealta sekä aidolta,
minulle sinä olit, ja olet,
minun elämäni rakkauteni.

24. Runo

Yö peittää minut jälleen yksinäisyyteen,
verhoaa kaipuun peitteeseen,
saa sielun käpertymään itseensä,
kyyneleen sulkemaan silmäluomet,
alakulon koko sydämen.

25. Runo

Rakkauden piiska sivaltaa satuttaen,
sen jälkeen,
kun rakkaudesta tulee kokonaisvaltaista rakkaudettomuutta eron jälkeen,
kaikki se yhdessä koettu herkkyys ja rakkauden kauneus vain katoaa jonnekin,
ja tilalle tulee pelkkää ilmaa ja tyhjyyttä.

26. Runo

Jos olisin tiennyt,
että meille oli vain tämä rajattu aika olla yhdessä,
olisin elänyt jokaisen sekunnin satakertaisena kanssasi,
yhteistä matkaamme näin edes hetken pidentäen,
kun luulin sen jatkuvan aina ajasta ikuisuuteen,
kaikki kauniit sanasi, ajatuksesi, tarinasi,
miten niitä kaipaankaan.

27. Runo

Läpi avaruuden,
sen miljoonien tähtien loisteessa kirkastuvan taivaankannen,
valtamerien,
niiden vesissä olevien syvien turkoosien laguunien,
kukkaniittyjen, heinäpeltojen, laaksojen vihreiden nurmien,
vuortenrinteiden ja kuumien aavikoiden,
läpi tulisin, luoksesi,
jos vain sinä,
olisit odottamassa minua siellä.

28. Runo

Olit kuin auringonpolte ihollani,
virtaavan veden raikkaus sitä vilvoittamassa,
tähtitaivaan kimmellys, mikä sai silmäni loistamaan,
aamukasteen kosteus, mikä teki minut hehkeäksi,
olit aamun aurinkoni, päivieni kimallus ja yöni turva,
olit minulle kaikki,
ja yksi hetki vei sen kaiken mennessään.

29. Runo

Muistan ensi suudelmamme,
sen ensi hetken herkkyyden,
hieman hämmennystä,
hienoista epäröintiä,
uuden kokemuksen tuomaa jännitettä,
kunnes veri syöksyi koko kehon läpi,
henki salpaantui,
jalat menivät alta,
siitä tunnekuohusta,
sinun kosketuksestasi,
sinusta,
meidän ensimmäisestä suudelmastamme.

30. Runo

Suopursun tuoksu,
sammalmättään pehmeys jalan alla,
metsälammen rauha ja tunnelmallisuus,
auringon lämmin paiste kasvoilla,
sen ihana valo heijaustuen silmiin,
leuto kesätuuli,
kukkaniityn koreus ja sen huumaava tuoksu,
järven pinnalla timantein lailla kimmeltävä vesi,
tähtitaivaan loistelias tähtien sikermä yllämme,
upea täysikuu,
värikkäät auringonlaskut,
poutapilvet taivaalla,
niistä kaikista muistan sinut,
muistan myös kätesi kädessäni,
koko olemuksesi,
ja rakkaimpana muistona kaikista,
muistan sinut.

31. Runo

En itke sinua,
vaikka sydämeni kyynelehtii vuolaasti joka hetki,
en kutsu sinua,
vaikka sieluni huutaa suunnatonta kaipausta sinuun,
en myöskään naura, saati hymyile sinua ajatellessani,
sillä surustani ei ilo kumpua,
olen vain,
ja toivon,
että kaikki palaisi ennalleen,
että sinä palaisit luokseni,
olisit jälleen siinä vierelläni,
ja siihen jäisit.

32. Runo

Jätit minuun sydämesi kokoisen aukon,
sieluni harhailemaan usvan sekaan,
mieleni teit suruiseksi,
kehoni kylmetit,
miten elämälleni toivon asetan,
uudesta paremmasta huomisesta,
valoisista päivistä,
rakkaudesta, tunteiden palosta,
ja ihanasta elämän ilosta.

33. Runo

Olit rakkauteni muusa,
tunteideni heilimö
joka sai runoni väreilemään,
onneni hersymään niistä läpi,
rakkauden laulua laulamaan,
sen sointuja joka päivä tapailemaan,
surun säveliksi kaikki on muuttunut,
duuri molliksi vaihtunut,
jostain välistä kaipaus aina riitasoinnun antaa,
surunlaulua välittäen
tätä sinä olit minulle,
unohtamatta sitä, että
rakkauden muusa olin, myös sinulle.

34. Runo

Olit niin lähellä minua,
ja minä sinua,
että kuulin sydäntemme lyönnit,
mitkä yhtä tahtia sykkivät,
toisillensa, meille yhdessä, yhtäaikaisesti,
rakkaudesta soinnin saaden,
sen lempeydestä,
elämän kauneudesta ja hyvyydestä soinnut ottaen,
ja niiden myötä,
mitä ihanimmin soiden.

35. Runo

Hengitin hengitystäsi,
koko kehoni kautta sinua,
rakkauteemme upoten,
missä oli niin hyvä olla,
jokaisen hetken elin,
sinun kanssasi, sinua varten,
sinulle.

36. Runo

Käteni kämmenissäsi,
silmäni silmiesi kautta,
sydämeni sydämessäsi asuen,
rakkauden trilogia,
kahden rakastavaisen yhteinen kolminaisuus.

37. Runo

Mansikat kuin huulesi,
niiden maku suudelmiesi mukainen,
maistoin sinut jokaisessa pisarassa.

38. Runo

Jos olisit kanssani,
ihanassa kesäyössä,
kun yön harso jo hiljalleen levittäytyy hentona huntuna ympärillemme,
laskevan auringon kajeen värjätessä vielä sitä väreillään,
tuuleton hetki, pehmeä lämmin ilma,
sinä ja minä,
siinä hetkessä, siitä kaikesta nauttien.

39. Runo

Sydämeni jäi sinuun,
Tunteidenlammen rannalle,
pehmeälle sammalmättäälle,
auringonsäteiden kimalteluun,
lammen vedestä silmiimme heijastuen,
siihen hetkeen siinä,
onnellisuuden tunteeseemme,
kuin myös kukkaniityille,
illan ruskoon,
kuutamon valaisemiin öihin,
hetkessä elämiseen,
kaiken samoin sydämien tunteiden läpi tuntien,
elämän sekunnit kanssasi,
olivat ne suurimmat.

40. Runo

Hengitin hengitystäsi,
suun täydeltä sinua,
miten maistuitkaan hyvältä,
jokaisessa pisarassa.

41. Runo

Rakkaus on kuin lämmin etelätuuli,
saapuessaan niin valtaisaa mielihyvän tunnetta antava,
kun kosketuksellaan hivelee ja hellii sinua,
antaa sinun aistia itsensä ihollasi, kasvoillasi, hiuksissasi,
lämmöntunteena, pehmeänä sivelynä,
samalla nostaa hymyn kasvoillesi,
saa mielesi kohoamaan, sinut iloitsemaan,
vapauttaa kehosi nauttimaan ja vain olemaan,
mutta kuten etelätuuli,
se vain käy ylitsesi, hetkellisesti ilahduttaen,
ja kohta on poissa,
jättäen jälkeensä suloisen muiston itsestään,
ja ennalta arvaamatta,
huomaat yhtäkkiä hytiseväsi kylmissäsi sateessa,
sen ihanan lempeän etelätuulen vaihtuneen pohjoisen kylmäksi viimaksi.

42. Runo

Rakastuminen on kuin tähtisumua,
se kietoo sinut harsoonsa,
sokaisee loisteellaan,
saa kaiken näyttämään hehkunsa läpi katsottuna kauniilta,
rakastuminen huumaa sinut,
sumentaa ajatuksesi,
keventää askeleesi,
saa mielesi leijumaan,
toivomaan, myös uskomaan,
ettei se tunne koskaan loppuisi,
mutta kuten uni,
se päättyy,
hetkenä, jota et osannut odottaa,
kaunein tunnetila haihtuu,
kun rakkaudensidos toiseen katkeaa,
ikuista rakkautta ei ole,
on vain se hetki,
rakastumisen hetki,
mikä toviksi sitoo sinut
siihen rakkauteen,
jonka olit ajatellut kestävän ajasta ikuisuuteen.

43. Runo

Tuuli tuo kuiskauksen sinusta,
lempeästi hiuksiani sivelee,
huuliani hipaisee,
korviini kuiskuttaa rakkaudestani sinuun,
mieleni täyttää kauneimmilla ajatuksilla,
meistä,
tuolloin, kun rakkauden keinussa keinuimme,
toisiamme rakastimme,
niin paljon,
ettei edes maailmankaikkeus riittänyt sitä määrää kuvaamaan,
silloin kun, sinä olit minun ja minä sinun.

44. Runo

Täytit sydämeni rakkaudella,
hellillä sanoilla,
lempeydellä,
elämän kauneudella,
uskolla hyvästä huomisesta,
niin paljon annoit,
että se pursui sydämestäni yli,
muille tätä hyvää tunnetta jaoin,
kahmalo kaupalla käsilläni ammensin,
annoin onnea, iloa, toivoa ja rakkautta,
onnellisena hyvänolon tunnetta ympärilleni kylvin,
kiitollisena sinusta ja suomastasi hyvästä olotilasta,
ja onnellisesta olostamme.

45. Runo

Maistoin suudelmissamme mansikan makeuden,
suklaan pehmeyden, sinut,
aistin sinusta voiman, valon, turvan,
sain sinulta rakkautta, hellyyttä, mielihyvää,
pehmensit elämäni askeleet,
vaimensit mieleni yksinäisyyden,
olit minulle tärkeä, rakas,
minun unelmani,
olit kulkenut ajatuksissani, toiveissani mukana
jo pitkään ennen tapaamistamme,
kiitos, että edes hetkeksi aikaa löysin sinut ja
sain askeltaa pienen matkaa, tässä elämässä, yhdessä sinun kanssasi.

46. Runo

Elämässä kuin myös rakkaudessa,
vaikeina aikoina,
uupumuksen ottaessa sinut syleilyynsä,
elämän askeleiden ollessa raskaimmat,
tarvitset sisimpääsi rohkeuden jaksaa uskoa,
siintää toivosi kohden valoa,
että kuitenkin joskus koittaa se hetki,
mikä nostaa katseesi uudelleen ylöspäin,
ja sen myötä,
saat kokea elämänilon uudelleensyntymisen,
tunnet surunviitan putoavan harteiltasi,
ja rauhan palautuvan sydämeesi.

47. Runo

Kuin päivänkakkarat kukkaniityllä yhteen nivoutuneina,
niin me myös toisissamme olimme,
ihana oli olla,
liki toista, niin lähellä,
kuin yhdeksi kasvaneina,
vahvoina yhdessä,
vaan kävi kylmä tuuli ylitsemme,
ja meidät erotti,
sinä katosit,
minä jäin,
siipirikkona,
suureen sydänsuruun,
sinusta,
ymmärtämättä vieläkään mitä tapahtui,
ja ennen kaikkea sitä,
mikä sai sinut lähtemään rakkaudestamme pois.

48. Runo

Näytit minulle mitä on rakkaus,
kun keho alkaa elää,
joka solullaan herkistyy tuntemaan,
veri rupeaa kiehumaan suonissa,
henki salpautuu suudelmasta,
osoitit sen,
mitä on mielihyvä, mielen hyvä,
miten ihminen tuntee onnellisuuden,
sen mikä saa sinut nauramaan,
nostaa hymyn huulillesi,
tekee kaikesta ultrakevyttä,
kaunista,
myötäsi sain myös tuta,
mitä on kaipaus,
toiseen ihmiseen, ihmisestä,
kun odottaa ja toivoo läheisyyttä,
kosketusta, läsnäoloa,
halua pitää toista lähellä,
annoit myös surun,
luopumisesta, loppumisesta,
päättymisestä,
missä toivo ei riittänyt,
usko hiipui päivä päivältä,
kyyneleet ja sydämen kipu jokapäiväisinä,
elämä silti jatkuu,
kiitollisena siitä, että sain elää ja tuntea,
sinut, ja sen hetken kanssasi, mikä meille oli varattu.

49. Runo

Kun osaisi asettaa elämän askeleensa oikein,
valita sen tien, mikä johtaa onnellisuuteen,
ettei montaakaan askelta astuisi harhaan,
suurin piirtein keskiviivaa kävelisi,
joskus on vain niin vaikeaa hahmottaa asioita,
nähdä kokonaisuuksia niiden takaa,
kun vain yhden tunteen viemänä antaa elämän itseään johdattaa,
niin monen erehdyksen, väärän valinnan myötä,
sitä herkistyy, osin alistuu, kohtaloonsa,
ettei enää uskalla edes toivoa parempaa aikaa,
uskoa sen olemassa olemiseen,
päivät vain kuluvat,
ja aika,
täyttymättömät mietteet päällimmäisinä.

50. Runo

Ettei ero erottaisi,
välimatka kadottaisi,
aika haihduttaisi,
tunteita,
rakkautta,
koettua,
mennyttä,
antaisi elämän nostaa kaiken pinnalle,
uudelleen,
eloon,
kantamaan kaiken vaikean yli,
riemuitsemaan,
iloitsemaan,
siitä kaikesta,
mitä meillä voisi olla,
mitä voisimme saada,
jälleen,
yhdessä kokien,
kaiken uudelleen alkaen.

51. Runo

Miten rakastan sinua,
rakastaisin,
rakastin,
tulen rakastamaan,
olen aina rakastanut,
menneessä,
tulevassa,
toiveissa,
ajatuksissa,
unelmissa,
haaveissa,
muistoissa,
ollen,
kanssasi,
ilman sinua,
kuitenkin,
sydämessäni,
aina.

52. Runo

Hiuksesi,
huulesi,
ihosi,
niin pehmeät,
sinä,
hyvältä tuoksuva,
ihana,
mielesi,
niin avoin,
lempeä,
rakastava,
täydellinen kokonaisuus,
sydämen rakas,
elämän valitsema,
minulle.

53. Runo

Jokaiseen aamuun asetan toiveen sinusta,
pitkin päivää sitä kannattelen,
uskon,
illan pimentyessä jälleen mieli painuu,
pettymyksestä,
toivonkipinä sammuu,
mielenvire hiipuu,
yö peittää surun,
uusi aamu suo taas toivon.

54. Runo

Joskus on katsottava pimeään,
että näkisi jälleen valon,
annettava elämän satuttaa,
että tietäisi mitä kipu on,
mennä rikki,
eheytyäkseen uudelleen,
tehdä sovinto itsensä kanssa,
että voisi puhdistaa sielunsa,
aloittaa alusta,
ehkä jatkaa myös,
siinä elämässä, mikä meille on annettu,
niille päiville, mitä elomme kestää,
ja sen jälkeen myös,
perintönä tuleville sukupolville.

55. Runo

Kun sydän itkee,
vähän,
kuuluu se normaaliin tunnetilaan
enemmän,
on sitä jo hankala sietää,
paljon,
mikä tuntuu kipuna,
liikaa,
siihen sielu hajoaa,
myöskään,
rakkautta etsivänä et löydä sitä,
tunteena tunnista,
koe millään tasolla,
edes ymmärrä,
sillä,
rakkaus löytää sinut,
et voi estää sitä
kieltää,
paeta,
koska,
sydän tietää,
mitä etsii, ja
löytää lopulta tien,
valitsemaansa sydämeen.

56. Runo

Luulin löytäneeni sinut,
rakkauteni,
mutta kasvojesi tilalla oli pelkkä naamio,
tyhjyys sen takana,
sanoja vain,
elämän kulissia,
mikä pettymyksen saattelemana,
sai minut horjahtamaan,
sen myötä hetkeksi tasapainon menettämään,
mutta ei kuitenkaan kaatumaan.

57. Runo

En ollut koskaan niin vahvasti tunnesitein sidottu kehenkään
kuin sinuun,
jonka luulin,
uskoin, ja toivoin sisimmässäni,
olevan minun sydämeni valinta minulle,
siinä rakkaudessa, jota koko elämäni ajan olen etsinyt itselleni,
ehkä jopa hakemalla hakenut,
sillä,
kohdattuamme,
tunnuit heti niin tutulta, samanlaiselta, omalta itseltäni,
olit kuin minä ja minä kuin sinä,
mielen syövereissä,
tunnetasolla,
ajatuksissa,
kaikessa,
mutta ei se mennyt niin,
arvet jäivät,
sydän kärventyi,
ja usko ikuisen rakkauden olemassaoloon haihtui,
elämässä kaikki on niin ohikiitävää,
hetkellisesti sinulla tuntuu olevan kaikki tunnetasolla kunnossa,
sitten kokonaisuus vain katoaa,
häviää,
kuin sitä ei koskaan olisi ollutkaan,
jäljelle jääneenä vain tyhjä syli ja itkevä sydän.

58. Runo

Nyt kun pakkaamme rakkautemme pahvilaatikkoon,
pois annettavaksi, antajalle palautettavaksi,
ei voi kuin ihmetellä rakkauden määrää,
mikä sisään sullottuna sinne laatikkoon mahtuu.

59. Runo

On niin outoa ja erilaista,
kun et ole enää siinä,
kanssani kulkemassa,
vierelläni kävelemässä,
asioita jakamassa,
sinä minulle kaikesta puhumassa,
ja minä sinua ihastuneena kuuntelemassa,
taivaskin oli tänään niin kaunis ilta-auringon ruskossa,
mutta mitä sen on väliä,
kun en pysty sitä sinulle enää kertomaan,
hiekkatiellä kävellessäni potkin vain kiviä jalkojeni edestä pois,
kun ennen katselin koko ajan ympärilleni,
mitä kaunista ympäristössä näkisin,
että voisin sen sinulle kertoa ja sen tuntemuksen kanssasi jakaa,
listaa voisi jatkaa loputtomiin,
kun mikään ilman sinua,
ei vaikuta enää ihmeelliseltä,
poislähtösi myötä,
kaikesta tuli niin tavallista ja tylsää.

60. Runo

Niin putosin sinuun,
rakkauden ansaasi lankesin,
sokerihumalluin sinusta,
ajantaju, kaikki katosi,
kieriskelin vain mielihyväntunteessa,
täysillä nautin, unelmoin, leijailin onnentunteessa
ja hups,
kovalle, kylmälle lattialle yllättäen tipuin,
korkealta ja kovaa,
sydämeni siinä satuttaen,
siipirikkona nyt,
jonnekin menossa,
mieli ihmetystä täynnä,
kun en vieläkään oikein ymmärrä,
minne se kaikki ihanuus hävisi,
tuosta noin vain,
johonkin kaikkosi.

61. Runo

Avaa silmäsi elämälle,
luota tulevaan,
uuden onnen ja ilon saapumiseen,
rakkauden täyttymyksen toteutumiseen,
menneestä viisastuu, ei tee enää samoja virheitä,
oppii näkemään eron teeskentelyn ja toden edessä,
vääränlaisen onnellisuuden kalastelun harhaanjohdatuksen,
muutaman harha-askeleen jälkeen elämän seulasta löytyy
lopulta se sinulle oikeasti tarkoitettu ihmissuhde,
sinua aidosti rakastava,
johon voit luottaa,
niin sanoissa kuin teoissa,
joka ei katoa viereltäsi mihinkään,
on turvanasi kaikessa,
pyyteettömästi välittävänä,
läsnä olevana,
ja tärkeimpänä, sillä
kauan kaivatulla,
rakkauden kestävällä pohjalla.

62. Runo

Ei pidä moittia toista,
vähättelemällä tämän tunteita,
jos rakkaintansa kaipaa,
ikävöimään jäi,
jokainen surutyö on erilainen,
henkilökohtaisella tasolla käsiteltävä,
tunneprosessoitava,
niin kauan kuin se kulloinkin vie aikaa,
sydämen ja mielen eheytyminen kestää,
aika auttaa parantumisessa,
tapahtuneiden asioiden hyväksymisessä,
siellä, mihin suru kosketti eniten,
menneeseen pitää palata siihen asti,
kunnes siellä olleet vaikeat asiat ovat käsitelty valmiiksi,
loppujen lopuksi se ajankohta myös saavutetaan,
missä mieli, sielu ja sydän ovat vahvistuneet,
tunnetilassaan voimaantuneet, jälleen eheiksi,
valmiina elämänpolun suomille uusille askeleille.

63. Runo

Kaikilla ei ole sitä ymmärtäväistä läheistä
siinä vieressä jakamassa elämän iloa tai surua kanssasi,
kannattelemassa sinua tunteiden vellovassa aallokossa,
läsnäolollaan pehmentämässä elämän sinulle antamia iskuja,
joidenkin osaksi jää tunneosattomuus,
yksinäisyys, epävarmuus,
raskaiden koetinkivien siirtäminen yksin,
uupuminen, ilottomuus,
iloitse sinä, jolla ei näitä murheita ole, iloitse onnesta ja elämänvakaudesta,
iloitse auttavasta kädestä,
siitä läheisestäsi,
iloitse itse elämästä.

64. Runo

Tässä mietin sinua,
mitä minulle annoit, mitä sinulta sain,
ikään kuin loppuyhteenvetona kaikesta,
sain sinulta hymyn, mielihyvää,
rohkeutta löytää oman vahvuuteni tunneherkkyyteeni peilaten,
sain katsella kauniita sinisiä silmiäsi,
maistella muutamia mansikanmakuisia suudelmia,
viettää pieniä hetkiä aikaa kanssasi, ollen, kulkien, kädestä kiinni pitäen,
kuunnella tarinoitasi,
haaveilla,
mainittujen lisäksi annoit minulle pieniä rakkaudenosoituksia,
joiden myötä sain hetken aikaa ikään kuin tuntea olevani sinulle merkityksekäs
ja ainutlaatuinen,
näitä mietin tässä tunteiden skaalassa,
ja sitä,
miksi juuri sinusta,
tuli minulle niin erityinen.

65. Runo

Miten paljon annoin sinulle,
elämäsi koriin, itsestäni,
hyvyyttä, lempeyttä, rakkautta,
persoonani,
en olisi enempää voinut edes tarjota,
mieltäni ylentäen seurasin, kovin onnellisena, miten
koria käsivarrellasi kannoit,
sisällöstä hyvin huolehdit,
poimit sieltä itsellesi aina kulloinkin keskeisiä tähtihetkiä,
iloa ja onnellisuutta,
silti,
mitä tapahtui sillä hetkellä, jolloin,
jostain syystä kadotit ne,
kaikki sinulle antamani elämänelementit,
tai kuka tietää,
ehkä tietoisesti hukkasit,
itsellesi merkitsemättömiksi muutit,
käännyit pois,
kaikkeni kanssa,
ja minä jäin itsekseni kummeksumaan,
aavistamatonta tilannemuutosta,
missä onnenmaan taipale vaihtui odottamatta,
valosta valottomuuteen,
ilosta suruun.

66. Runo

Ihanasti tunnen elämän virtaavan kehooni,
uudistuvaan itseeni,
valonsäteiden energian antavan uudenlaista vahvuutta,
voimaantumista,
askeleitteni eteenpäin suuntautuvan,
toiselle tielle, uudelle, uuden elämän matkalle
pois sinusta kääntyneinä,
vapautumisen tunnetilassa,
surun voittaneena,
mutta ei kuitenkaan voittajana,
sillä sinut olisin toivonut vierelleni kulkemaan,
no, se aika jäi taakse,
antoi, mitä antoi,
sen voi unohtaa,
rauhallisin mielin,
edelleen hyvään uskoen,
rakkauteen myös,
luottavaisesti kohden huomista käyn,
olemisen harmoniaa, ja murheellista kyllä, edelleen,
minulle tarkoitettua, rakastani etsien.

67. Runo

Lunastamattomat lupaukset,
sanomattomat sanat,
hiljaisuus,
satuttavat eniten,
samaten, kaikki se,
mitä jäi kaipaamaan,
siitä illuusiosta,
missä annoit, sait,
mitään ei vaadittu,
olemisen keveydessä,
ilman itsekkyyttä,
pelkin puhtain tuntein ollen.

68. Runo

Olenko sinussa,
kuin sinä minussa,
edelleen, hetkittäin,
mietin, sillä,
tuoksusi ajoin tunnen,
viipyvänä henkäyksenä,
kepeänä tuulahduksena,
sieraimissani,
mielessäni,
alitajunta työstää valemuistoa läsnäolostasi,
ihan siinä liki minua,
kuin silloin joskus olit,
jos olisitkin,
mutta kuin ohimenevä ilmanvire,
haihdut pois,
uudelleen kadoten,
siihen elämääsi,
mitä ilman minun olemassaoloani sinussa,
nyt elät, ja jatkat.

69. Runo

Empatia ja itsekkyys,
on huono yhdistelmä parisuhteessa,
niin harhaanjohtava,
surua tuottava,
petollinen,
myöskään katkeruus ei kannattele ketään,
se laittaa vain kompuroimaan,
ja siihen voi myös kompastua,
suvaitsevaisuus,
ymmärrys,
anteeksiantaminen,
vaikeuksista uloskasvaminen,
ovat parhaimmat työkalut,
niin ihmissuhteissa
kuin koko elämässä,
kokemuksissa voimaantuminen,
ihmisenä uudelleeneheytyminen,
viisastuminen,
saavat katseen kääntymään tulevaan,
huonot asiat taakse jättäneenä,
antautumaan omalle elämäntarinalleen,
kutsumaan rakkauden taas kerran luokseen,
puolestaan uudelleen nauttimaan joka hetkestä.

70. Runo

Rakkautta,
saati kaipausta toiseen,
ei pysty selittämään,
niissä vaikuttamaan,
sydän ja tunneäly hallitsevat niitä
kokonaisvaltaisesti,
tuotit minulle suuresti iloa,
enemmän kuin kukaan aiemmin,
kevensit olemiseni askeleita,
annoit kauan kaipaamani rakastumisen tunteen,
onnellisuuden,
en olisi halunnut antaa sinua pois,
sinua ikävä minun on.

71. Runo

Haaveilen,
kesäpäivästä kanssasi,
piknikillä,
vain me kaksi,
rentoina rantaruovikolla,
filtin päällä istuen,
ehkä maaten,
lounasveät mukanamme,
hieman kuohuviiniä laseista siemaillen,
siinä hetkessä,
kaiken muun pois sulkien,
mielten harmoniassa,
sopusoinnussa,
läheisyyden suomassa tunnelmassa.

72. Runo

Vasta jälkeenpäin ymmärrys avartuu,
siitä, että se,
minkä luulit olleen sinulle hyväksi,
olisi koitunut erehdykseksi ajan saatossa,
rakkauden illuusiossa,
vahvoissa ihastumisen tuntemuksissa,
näkökenttä asioihin supistuu,
kapeaksi kapenee,
jälkeenpäin näkee kaiken kirkkaammin,
selkeämmin,
suunnitellusta elämän matkasta,
ei olisi tullut haaveillun mukaista,
kaivattu turvallisuus ja vakaus,
olisi jäänyt, myös siitä uupumaan.

73. Runo

Välillä,
kaipaus lyö tunteista läpi,
kauniita muisteluita,
sieltä täältä,
sinusta, mieleeni pirskotellen,
pienistä hetkistämme,
valtavista onnellisuuden tuntemuksistamme,
joissa kaikki tuntui olevan kohdallaan,
kun sinä olit kuin minä,
ja minä kuin sinä,
samoin tuntein, ajatuksin, toivein,
kaiken samoin arvoin tunnustaen,
rakkauden tunteistamme,
ajoittain
näitä mietteitä,
mieleeni palautuen,
niin haikeana,
kaikesta siitä, mitä meillä oli.

74. Runo

Toivo on käsitteenä monimuotoinen,
onko kyse rakastamisen kaipuusta,
elämäntilanteen muutoksesta,
menettämisen pelosta,
uuden paremman tavoittelemisesta,
siihen sisältyy aina valonpilkahdus,
hyväntahtoisuudesta,
mikä myötäilee uskoa,
antaa voimaa elämän askeleille,
vaikeiden asioiden käsittelemiselle kussakin hetkessä,
usko ja toivo yhdessä luovat vahvan voimavaran,
elämässä eteenpäin menemiselle,
osoittavat luottamuksen tulevaan,
kaiken muuttumiselle jälleen hyväksi,
uskon ja toivon summa on rakkauden täyttymys,
hyvyys koko sen merkityksessä,
elämän triangeli, aina täältä, ikuisuuteen asti.

75. Runo

Upea täysikuu, kuutamo,
taivaalla parasta aikaa,
hennon, usvaisen pilviverhon takaa loimottamassa,
maagisesti, vetovoimaisesti,
silmieni läpi,
sen luoma tunnelma herkistää mieleni sinuun,
sinulle,
miten ennen, ei edes kauan aikaa sitten,
saman koetun tunnekuohun, tunnetilan,
sain jakaa kanssasi,
miten tärkeä se hetki oli tuolloin,
minulle, meille molemmille,
kun samoin ajatuksin,
tunneherkkyyksiemme myötä,
asiat yhdessä aistimme,
jaoimme,
nyt vain itse, herkistyneenä,
itselleni,
upean valovoimaisen tuntemuksen
ajatuksiini miellän,
sinun silmiisi sen talletan,
vaikket sitä enää kauttani pysty näkemään.

76. Runo

Jätit minuun jälkesi, itsestäsi,
sinusta, persoonastasi,
edelleen miellän ajatuksiasi mielessäni,
vai olivatko ne sittenkin vain minun omia toiveitani,
joihin sinä samastuit, joita beesasit,
miellyttääksesi minua,
mutta miksi näin olisi ollut, en tiedä, minulla ei ole vastausta,
saati ymmärrystä siihen,
tosin toivon kuitenkin, että sydämessäsi, rakkaudessasi minuun,
niitä pyyteettömästi kannoit, tulevaisuuttamme suunnittelit,
silloin ainakin, meidän aikanamme,
aika kiertää niin nopeaan,
vuosi, vuodet kuluvat,
en vieläkään ymmärrä, käsitä,
miten sinä niin ykskaks vain kykenit jättämään taaksesi, kaiken,
meidät, sen käsittämättömän onnen hypen mitä koimme,
rakkauden poltteen, elämisen ilon,
kaiken kokemisen keveyden,
vai oliko se vain minun, taas mietin, omaa kuvitelmaa, utopiaa onnesta,
ja sinusta, joka minulle, pelkällä läsnäolollasi, ja siinä minun kanssani ollessasi,
annoit pelkkiä upeita tunne-elämyksiä, kauan kaipaamaani herkkyyttä,
kaikkea, mitä vain saatoin toivoa, mistä uneksia,
ehkä siksi tätä menetystäni, sinun myötäsi menettämääni,
niin kovin kaipaan,
unelmani rikkoutui sinun poislähtösi myötä, pirstaloitui palasiksi,
olit minun dreams come true -ihminen, minulle täydellisin,
rakastin sinua varpaista päälakeen, tyyliäsi, viisauttasi, lempeyttäsi,
kaikkea sitä, miksi olet syntynyt.,
kukaan ei yllä tasollesi minun sydämeni valloittajana,
vain sinä teit sen.

77. Runo

Hiljaisuus on monimuotoinen asia,
sanomatta jätetyt sanat ovat puhumattomia,
ääneen lausumattomia, vain ilmaa, niitä ei kuule,
vaitiolo satuttaa, etenkin, jos sinä olet se ainoa,
jota äänettömyys koskettaa,
viiltävää mielen rauhattomuutta,
aiemmin puhe, sanat, ajatustenvaihto, mielekäs keskustelu,
oli jokapäiväistä kirjainten sointujen ilakointia, iloittelua, höpöttelyä,
ja nyt, tyhjää, ei mitään,
sanat lausutaan toisille ihmisille, joille niiden merkitys todennetaan samaten,
jäljelle jääneenä vain yksi, piirin ulkopuolelle unohdettuna,
syrjään sysättynä,
kuin häntä ei koskaan olisi ollutkaan.

78. Runo

Ylenpalttinen iloisuus, positiivisuus,
kätkee usein taaksensa teeskentelyä ja tekopyhyyttä,
tunteiden peittelyä, kätkemistä,
aitoon iloon kuuluu myös surua, epätoivoa
vaikeuksien voittamisen helpotuksen tunnetta,
relaksoitumista,
asioiden jäsentymistä uudelleen, uusiksi,
välillä on luontevaa tuoda tunteitaan julki eri tasoilla,
viha ei välttämättä ole negatiivisuutta,
se voi olla osa surutyötä tärkeän menetyksen osana,
surussa kasvamista,
siitä ulospääsemistä,
tunteiden tasolla eheytymistä,
on helppo teeskennellä pelkästään iloa, jos jättää vaikeat asiat käsittelemättä,
kohtaamatta,
mutta aidon sydämestä tulevan ilon saa siitä, kun varjot ovat väistyneet mielestä,
surutyö on tehty,
auringonpaiste antaa uudelleen onnen tunteen,
elämän askeleet ovat keventyneet,
kohtaat uuden aamun, päivän ja yön puhtain, selkein ajatuksin,
jolloin elämä itse ammentaa ilon sydämestäsi,
aitona ja toisille jaettavana.

79. Runo

Monta kaunista hetkeä,
kanssasi,
silloin joskus,
kesässä, syksyssä,
keväässä, talvessa,
jokainen omanaan, mielensopukoissa muistijälkenä,
muistona, muistikuvaksi muuttuneena,
sydämen täydeltä kiitollisena niistä,
ja sinusta,
onnellisesta ajastamme yhdessä.

80. Runo

Pitäisi iloita siitä,
että on surullinen,
katkera, vihainen myös,
silloin tietää eläneensä iloa,
onnea, rakkautta,
rakkaudessa, rakkaudesta,
sinulla on ollut haaveita,
toiveita, luottamusta,
toiseen henkilöön, henkilöstä,
ilon vastakappale on suru,
rakkauden viha,
katkeruus on vain välittäjäaine
niiden tuntemusten välissä,
jonain päivänä se sulaa pettymykseksi
siitä edelleen neutralisoituu ilmaksi, haihtuu pois,
kuten se tunteiden taakse kätkeytynyt suuri rakkaus,
mitä sait elää, missä unelmoida,
ja mikä sitten vain haihtui, hävisi, katosi, pirstaloitui,
kuin sitä ei koskaan olisi ollutkaan olemassa.

81. Runo

Anteeksipyytäminen,
anteeksianto,
ovat rakkauden ja inhimillisyyden peruspilareita,
ei voi jakaa ihmisiä eri kasteihin niihin, jotka eivät ansaitsisi anteeksiantoa,
tai ketkä sen ansaitsevat,
kuka sen määrää, kuka olisi oikeutettu näin toimimaan,
anteeksipyytäminen ja anteeksiantaminen ovat sydämestä tulevia eleitä,
tunteita, hyveitä,
sydämettömät, narsistit, kieroluonteiset eivät tälle tunnetasolle yllä koskaan,
paatuneisuus on heissä kiinni ja heitä ylläpitävä voima,
sydämenkantajat pyytävät anteeksi, ja he antavat anteeksi pyyteettömästi,
eleettömästi, vilpittömästi, sielun sisäisenä huomaavaisuuden osoituksena,
viha elää vain vääränlaisissa ihmisissä,
sydämellisyys, hyvyys, oikeudenmukaisuus, rehellisyys,
ovat ihmisyyden arvomaailman perusta,
anteeksiannon kanssa.

Rakkaus,
sen sielu ja henki,
lempeys ja kauneus,
pyyteettömyys,
ei anna katteettomia lupauksia,
turhaa toivoa,
tuota pettymyksiä,
se kannattelee, kulkee vieressä,
on siinä sinun kanssasi,
sinussa,
sydämeesi asettuneena,
voit luottaa sen läsnäoloon,
jatkuvuuteen,
sen antamaan elämän iloon,
ja ennen kaikkea,
sen suomaan rakkauteen ja hyvyyteen.

83. Runo

Minä olen sinussa,
ja sinä minussa,
yhdessä olemme meissä,
aurinko kultaa hiuksesi,
saa koko olemuksesi loistamaan,
niin kauniina olet edessäni,
valaiset maailmani,
poissaollessasi myös,
säteesi heijastuvat minuun,
henkinen aurasi minua suojellen,
olet siinä,
kuin aina olisit ollut,
ja miksi et olisikaan,
tähän kuulut,
vierelleni,
missä sinä olisit minun,
ja minä sinun.

84. Runo

Tunnetko käteni kädessäsi,
yhä pidän sinusta kiinni,
vierelläsi olen,
en siitä koskaan poistunut,
huolissasi, murheissasi,
anna minun olla taakan kantajasi,
henkinen tukijasi,
voimavarasi,
silloin,
kanssasi uuteen aamuun,
päivään, iltaan,
yöhön hiljentyä voimme,
rukous käsissämme,
rakkaus mielemme täyttäen,
ajan uuden kohdaten,
toivon täyttymyksen,
myötäeläen puhtaan,
uuden elämän alun.

85. Runo

En itke jälkeesi,
itken meidän peräämme,
surua ilosta, onnesta,
siitä suuresta rakkauden tunteesta,
minkä saimme yhdessä kokea,
jakaa, elää,
sydämien kumppanuuden symbioosissa,
ainutlaatuisena kokemuksena,
tässä ainutkertaisessa elämässä,
minulta sinulle,
sinulta minulle,
hetken aikaa rakkauden helliminä,
onnellisuuden aallokossa,
kahden sydämen vieminä,
ihastuneina, rakastuneina,
missä lopuksi,
toinen lähti, toinen jäi.

86. Runo

Älä enää itke menetyksesi perään,
kyyneleitä vuodata,
pois heitä suruviittasi,
ilottomuudesta hellitä,
aika kantaa sinua,
surun turruttaa,
saa sinut unohtamaan,
kaiken olleen hyväksymään,
nosta katseesi ylös,
huomista kohden,
näe edessäsi uuden päivän kauneus,
sen suoma mahdollisuus,
anna toivolle tilaa,
kasvuvaraa uudelle rakkaudelle,
iloitse itse elämästä,
niistä pienistä hyvistä asioista ympärilläsi,
kasva ihmisenä,
voimistu vahvaksi, egossasi suureksi,
ole itsellesi armollinen,
ennen kaikkea, rakasta itseäsi,
kuin lähimmäistäsi,
silloin sinua myös rakastetaan.

87. Runo

Rakkauden arpakoneesta minulle on suotu vain huteja
ja tyhjää täynnä olevia voittolappuja,
muutaman kerran olen luullut minua onnistaneen,
mutta kissankullaksi se loisto on muuttunut,
käsistä hiekkana pois valunut,
rakkaus on arpapeliä,
joitain onnistaa,
toiset jäävät tyhjän päälle,
Ikinä ei voi tietää,
vaikka tuokion verran kaikki tuntuu olevan mallillaan,
vihdoinkin,
seuraava hetki pyyhkii sen kylmästi pois.

88. Runo

Mietin hymyn merkitystä,
eleenä se on kohtelias,
luokseen kutsuva,
hyvää mieltä tuottava,
positiivisuutta henkivä tunteen ilmaus,
se voi olla myös heijaste epävarmuudesta,
pelosta samoin, projisoituneena,
sen takana voi olla sydämellisyys,
mutta myös teennäisyys ja tekopyhyys,
hymy valloittaa aina
tavoittaa hymyilyn kohteen,
suo itselle myös mielihyvää,
tervehdyttää jopa mieltä,
mutta petollisena, petturuuden ilmentymänä,
se satuttaa, loukkaa, alentaa ihmisarvoa,
kun hymyilet, hymyile sydämelläsi,
ja anna siitä huokuvan ilon levittäytyä kauas,
hymyn vastapuoli on toisen hymy,
iloitse samaten siitä.

Hiljaisuus leijuu sydämen ympärillä,
onko se kaihoa, surua,
vai odotusta, toivoa,
äänettömyys,
mitä mikään ei riko,
odotusta,
minkä toivoisi päättyvän,
utukuvana mieli palaa menneeseen,
toistamiseen johdattelee uuteen päivään,
aaltoliikkeenä,
hiljalleen, verkkaisesti,
usko sulautuu toiveeksi,
liikehdintä jatkuu,
eilinen, huominen,
eilinen, huominen,
hiljaiselo, äänettömyys,
onneksi kipu on poissa.

90. Runo

Miten kauniita auringonlaskut olivat,
kun sain katsoa niitä sinun silmiesi kautta heijastuen,
uuden päivän aamut, jotka valkenivat siihen ihanaan auringon nousuun,
mikä värjäsi taivaankannen purppuraan ja kultaan,
ja se sydämen täyttänyt onnellisuus, onnen tunne,
sinusta, kun olit siinä vieressäni, kanssani,
niistä muistoina,
rakkauteni aarrearkku pullollaan,
pelkästään,
sananhelinää, katinkultaa,
ja rakkauden rihkamaa.

91. Runo

Uusi vuosi,
miten paljon odotusta siihen sisältyi,
uuden vaiheen alkamisesta,
haaveiden toteutumisesta,
yhteisen elämänmatkan aloittamisesta,
sydänten yhyttymisestä yhdeksi, ja yhteen,
kaikki, ja vielä se, mistä et tiennytkään,
tulevaisuuden tuomana ja eteen antamana, tulevana,
mutta,
vuosi vaihtui,
seinä kääntyi, ja mureni,
pirstaloitui sydämen suruksi, niin kipeästi satuttaen,
raskaiksi askeleiksi, painavaksi taakaksi,
jalkojen alta vajoavaksi maaksi,
kaikki unelmat ja toiveet hävittäen, kadottaen,
tuhkana ilmaan haihduttaen,
ja se yksinäisyyden tunne, kalvavana, polttavana,
ikävöinti, kaipaus, rakkauden menettäminen,
no mennyt vuosi hautasi kaiken, peittosi ajan kanssa,
surun häivytti, selkänsä taakse piilotti,
tuleva vuosi, sen varaan ei voi mitään ajatella,
elämä antaa ja vie,
aika näyttää ja historia kertoo tapahtuneen,
sitten myöhemmin,
toiveikkaana kuitenkin, katse eteenpäin ja mieli rohkeana, avoimena,
onko aihetta juhlaan tai iloon,
ken sen tietää, tai edes tietäisi.

92. Runo

Sydän mesoaa, kapinoi, huutaa,
menettämisen tunnetta, menetystä, poissaoloa, ikävöintiä,
tunnevirrat velloen, äärilaidoin täyttyen,
yhden kysymyksen säestäessä tätä myrskyävää olotilaa,
aistihavaintojen sekamelskaa,
miksi näin kävi,
miksi,
kun ymmärrys ei tue asiaa,
mieli ei halua myöntää,
sydän pitää edelleen kiinni,
siitä hyvästä, kauniista, kuplivasta,
onnen, rakastumisen, hyvänolon ja mielen tuntemuksesta,
ei haluaisi yhdestäkään luopua,
päästää irti,
kadottaa, menettää,
ei sitten millään,
tai koskaan,
sitä ihanaa euforista olotilaa,
kanssasi koettuna,
missä oli niin hyvä olla,
mihin jäädä.

Ilottomuuteesi toin valon,
mielesi kevensin,
nostin onnellisuuden tunteeseen leijumaan,
ylös, ylös sain sinut kohoamaan,
sen hymyn, uuden ilon silmiesi kautta heijastuneen,
niin kauniin,
rakastuneen,
muistan,
kun silloin, siinä ajassa,
minä itse, siihen samaan keveyteen leijailin
kanssasi, käsi kädessäsi,
sydän sydämessä ollen,
voi sitä onnen aikaa,
minkä se kesti,
kuitenkin,
toiset tuulet meidät samikset erottivat,
sielut eriyttäen
tarkoituksella, tarkoituksettomasti,
kuka sen tietää,
aika on kantanut jo eteenpäin,
kadonnut varjoihin,
vain sydän muistaa, kaipaa,
se ei koskaan unohda,
ei edes halua.

94. Runo

Surun viitta painolastina harteilla,
haikeuden harso kasvojen edessä,
jos ei ole ystävää tai ketään toista,
lohduttamassa,
taakan kantamista keventämässä,
miten raskaat askeleet,
elämässä eteneminen hidasta,
täytyy pinnistellä, ponnistella, ähkiä, puhkia,
edetä, edetä, vain edetä,
vaikka aina ei jaksaisi, haluaisi niin,
mutta jo pieni valonpilke, pilkahdus,
miten se koko ajan suurenee,
edessäsi, silmän kantaman takana,
miten se antaa uutta voimaa,
uskon uusiutumiseen
sen kaiken lohduttomuuden taaksejäämiseen,
häviämiseen,
kuin sitä ei olisi ollut lain, koskaan ikinä,
uudet päivä, aamu, ilta, yö,
ilman pienintä muistoa, muisteloa sinusta,
siellä se on, kohta käsin kosketeltavana,
valoisana uutena, puhtaana uudistumisen alkuna,
keveät askeleet antaen mitä käydä.

Et sanonut edes moi,
lähtiessäsi pois,
selän kylmästi käänsit minulle,
askeleesi muualle suuntasit,
ajatuksesi samalla, tunteesi,
minusta, meistä,
kaikki se,
mitä oli niin paljon,
valtavasti,
minun tunneasteikollani mitattuna,
minulle merkityksellistä,
suli käsilleni, ulos sydämestäni,
miten se poltti, sattui, kirveli,
tietäisitpä, tai edes joku,
mutta kun ei ollut ketään,
kehen turvautua, kertoa,
jakaa, uskoutua,
oli vain tyhjyys,
kylmennyt sydän,
avuton mieli,
suru, niin suuri,
näin jälkeenpäin sen vasta ymmärtää,
onneksi aika on auttanut,
unohtamaan, tasoittanut tunteen, tuntemukset,
poistanut kaipauksen, ainakin osittain,
uskoa ja toivoa riitti kauan,
mutta ajansaatto mursi myös nuo,
rakkauden portinvartijat,
kaikki on katoavaa,
myös aistikokemuksena vellova rakkaus,
hetkellisenä se näyttäytyy,
katoaa pois,
ja alkaa kukoistaa jälleen uudelleen,
toisessa yhteydessä, toisaalla.

96. Runo

Surun ollessa suurimmillaan,
esitin itselleni määreen,
toiveen, minkä heitin ajatuksena ilmaan,
ihmeen tapahtumisesta,
että palaisit takaisin luokseni jonain päivänä,
uudelleen, minuun edelleen rakastuneena,
merkkinä siitä, näkisin taivaalla sydämen,
pilvien muodostamana,
siitä tietäisin sen tapahtuvan,
siihen uskoni asetin,
pilviä seurasin, tarkkailin,
joka päivä taivaanrannan merkkejä lukien,
tämä ilmentymä toteutui,
kesäisellä taivaalla,
sinne pilvimassojen keskelle muodostuneena kuviona,
illuusioksi jäi vain haaveiluni siitä,
että sinä sen myötä tulisit,
olisit siinä uudelleen edessäni,
hymyilevänä ihanana omana itsenäsi,
sydän onnea täynnä,
kätesi minua kohden ojentaneena.

97. Runo

On niin monta seikkaa,
mitkä palauttavat sinut mieleeni,
musiikki,
ajatukset,
tunteet, tuntemukset,
muistot,
joihin sinä liityt niin lempeänä,
rakastavana,
ja se onnen tunne, onnellisuus,
jokaisen niistä ympärille kietoutuneena,
menetys niistä sattuu, edelleen,
polttaa rinta-alassa,
ajoittain,
miten hyvä minun oli olla kanssasi,
onnekas sain olla,
en olisi suonut sen loppuvan, päättyvän,
olisin halunnut elää sitä unelmaa,
edelleen, loputtomiin,
ikuisesti,
aina ajan päättymiseen asti.

"Löysin kanssasi taivaan,
sateenkaaren molemmat päät tavoitin,
ja kaiken niiden väliltä"